LA OTRA VIDA DEL FUGITIVO

EC

EDITORIAL CÁNTICO
COLECCIÓN · DOBLE ORILLA, POESÍA
DIRIGIDA POR RAÚL ALONSO

cantico.es · @canticoed

© Marcos de Quinto Romero, 2024
© Editorial Almuzara S.L., 2024
Editorial Cántico
Parque Logístico de Córdoba
Carretera de Palma del Río, km. 4
14005 Córdoba
© Imagen de cubierta: *The Airplane* (1911) por Alfred Stieglitz.
Fotografía de dominio público. Original conservado en el Museo de
Arte de la Ciudad de los Ángeles.
© Fotografía de autor: The Coca-Cola Company, 2010

ISBN: 978-84-10288-08-9
Depósito legal: CO 1046-2024

Impresión y encuadernación:
Imprenta Luque S.L.

MARCOS DE QUINTO

LA OTRA VIDA
DEL FUGITIVO

EDITORIAL CÁNTICO

COLECCIÓN DOBLE ORILLA POESÍA

SOBRE EL AUTOR

Marcos de Quinto (Madrid, 1958) es un autor polifacético con un perfil difícilmente clasificable marcado por un afán de nadar a contracorriente. Ejecutivo rebelde y de éxito, alcanzó la Vicepresidencia Ejecutiva Mundial de *The Coca-Cola Company* y fue también diputado nacional y portavoz económico por el partido liberal Ciudadanos, formación que abandonó en 2020, en medio de la pandemia, por negarse a apoyar unas prórrogas del estado de alarma que resultaron ser inconstitucionales.

Proveniente de una familia muy relacionada con el teatro, siempre tuvo una profunda inquietud humanista que le llevó a crear los Premios Buero de Teatro Joven y a ser jurado durante varios años de los Premios Valle-Inclán.

De Quinto ha vivido en diversos países de Asia, Europa y América. Su pasión por la aventura le sirvió tanto para abrir en 1995 el negocio de Coca-Cola en Vietnam —cuando Bill Clinton levantó el embargo— como para participar en seis ediciones del rally Dakar, cuando este se desarrollaba en África.

En la actualidad, Marcos de Quinto compatibiliza múltiples actividades sin afán de lucro que van desde la producción de documentales al activismo anti-woke.

Con su obra *La otra vida del fugitivo* (Cántico, 2024) irrumpe en el panorama literario llevando a la esfera pública una faceta más íntima y personal con una antología que recoge una breve muestra de su creación poética, cultivada desde sus años de juventud hasta la actualidad, con una producción que nunca pensó editar en vida. Estos poemas son una suerte de "*selfies* del alma" porque, a diferencia de las fotografías al uso, que solo recogen nuestra cáscara, estas notas al pie de página de su vida nos lo muestran por dentro. Estas "fotografías de tinta", algunas movidas, otras desenfocadas, pero todas tomadas sin filtros, han sido recogidas en cuadernos, servilletas, tarjetas de embarque y todo tipo de soportes que dejan constancia de una voz radicalmente libre.

La vida es lo que hacemos de ella. Los viajes son los viajeros.
Lo que vemos no es lo que vemos, sino lo que somos.

FERNANDO PESSOA

El orgullo y el moscatel
siempre pierden al infiel

Mortadelo y Filemón - *El Sulfato Atómico*
F. IBÁÑEZ

—Es tu última frase—
murmuré mientras cruzaba la puerta

Y así
sorprendentemente sereno
me adentré dulcemente
en esta otra nueva vida de fugitivo

1982

PARTE I

JUVENTUD, MALDITO TESORO

Este es el último poema que he escrito
¿Tienes la menor idea de su precio?

Lo hice para el fresco de las noches
en que volvía a casa
lo hice
para los árboles enfermos de esta ciudad maldita
y para todas aquellas canciones
que no volveré a cantar

Tú lo sabías y, sin embargo
quisiste gobernar sobre sus versos, lo sé

decir sol
        cuando tan solo había nubes
decir amor
        cuando tan solo había miedo

Pues bien, que se inclinen ante ti

Nottingham, 1976

Compartíamos el agobiante calor y el kif

El pequeño tragaluz
poco podía decirnos sobre la noche o el día

Apenas unos dirhams en la cama
y un camino largo, donde el recuerdo se pierde

Amigo fiel
Amigo

Tánger, 1978

Tu cuerpo, tu carne firme
ininterceptablemente
avanzando en mi razón confusa

Como una muerte dulce
muérdago en las olas
grillos en la noche

No tengo ninguna oportunidad
pero cerrando los ojos
me adentro en el combate
en la derrota previsible
en el recuerdo constante

Te sirves del frio
y de la electricidad

y de mi vulnerabilidad confesada

Nada puedo frente a tales armas

Fijas las condiciones
con esa mirada que vence a la voluntad
¿Será un cadáver lo que buscas?

Sólo sé
que a veces tengo tu cuerpo

1980

Si te dejara
el cráter de mis manos en tu pecho
te iría asfixiando poco a poco

entonces
podrías hablar con mayor autoridad
sobre el amor con tus amigas

Si te dejara
tu lluvia no tendría sol en que secarse
rebotarías en los héroes de escayola
buscando consuelos improbables

Entrégate
Esto es solo una simple oración
que me impuse y callo a voces
desde mi mesa de trabajo

1977

Llevo toda la mañana
    atento a los signos:

la disposición arbitraria de mis papeles
la inclinación relativa
del vaso derramado

No estoy muy convencido
de mis propias interpretaciones

Espero al rayo que derribe el árbol
al pájaro azul posarse en mi ventana
al eclipse súbito

Nadie más allá del hilo telefónico
y las paredes
se están haciendo cada vez más ciertas

1980

Doce de agosto
Me despertaste
Te ibas

Irún
luego París
Bromeabas con mi sueño
y tu última mirada
se fundió entre el seto
y mis gafas sucias

El coche blanco
hace rato que dobló el recodo
Aún no *sé* si estoy triste

Guadarrama, 1976

Ya ves que yo seguí escribiendo poemas
y tú... ¿quién sabe lo que estarás haciendo?

Si alargara la imaginación podría verte
en cualquier club extendiendo
tu sonrisa, preguntando
—¿De quién es el coche
              que está en la puerta?

1975

Me asomé a la ventana
para fumar un cigarrillo

Oh, carretera pintada de lluvia
esta noche
las luces del Duke of Cambridge
se miran en tu espejo

De pronto, tomé conciencia
y el viento cambio de rumbo

¿Cuántas noches
estas mismas luces cruzarán la lluvia
para recordar que estás lejos?

Nottingham, 1976

No suelo ser yo y no me explico
por qué aquel día
enredado en una de mis reencarnaciones
me consumí en el cenicero de tu cuarto

    En fin
creo que realmente te quería
y en la inmovilidad de tu cuerpo
sabías moverte paso a paso por mis ojos

    Cariño
si escucharas de nuevo a Bob Dylan
saluda a tu conciencia de mi parte

1976

Tanto tiempo
y vuelvo a ti, ciudad perdida

Es de nuevo invierno entre las cruces
Llegué un día silencioso y golpeado
harto de fantasmas que me guiaran
bebido de ilusiones alertadas

y tú me diste la tregua
del combate interminable
sábanas sangrantes
vidrios partidos
cuerpos rodando en las aceras

Es de nuevo invierno
mal momento para escarbar
en un tiempo irrepetible
del que ya sólo soy un punto

Y ahora vuelvo
para enterrar todos tus nombres

Guadalajara, 1979

a Jorge Berlanga

Estoy enloquecido, dispuesto a matar
Camino por las calles con un revólver en cada mano
La gente grita y se aparta histérica a mi paso

Soy un asesino, el único camino honrado que hoy me queda
Las sirenas vociferan impregnando el aire
de un pánico hipnótico que se eleva hasta los más altos edificios
pero mis carcajadas eclipsan sus acordes

La sangre desinfecta la ciudad. Sus ríos
desembocan en las alcantarillas arrastrando colillas y
        envolturas de chicle
los árboles la absorben con gula recobrando al instante
su antiguo verdor
y las marcas de podredumbre y polución se extinguen de sus
troncos
Quienes logran dominar su miedo
se me acercan sumisos pidiéndome un autógrafo
pero mis armas no entienden de etiqueta
Hubo un tiempo en que la ciudad me devoraba
los matones deambulaban perdonando vidas
y los profundos imponían su inmundo catecismo a los demás

Ahora saben que les busco y se esconden
sin entender que inevitablemente les cubriré a balazos
y bailaré eufórico al compás de las detonaciones

Temblad, temblad tan siquiera un momento
en vuestra estúpida inocencia

1979

Salíamos de ver *El último tango*
y todavía el saxo de Gato Barbieri nos perseguía
mientras nos apresurábamos hacia tu casa

y las once y el portal cerrado
        como en una pesadilla freudiana
y nos mirábamos para no sentirnos solos
y solo conseguíamos sentirnos solos
        en medio de cubos de basura y gatos aplastados
que nos observaban furiosos
        con la mueca de su último maullido
y yo, luego, esperando tu llamada, intuyendo
        la bronca en el salón de tu casa
y pensando en cómo decirte desde mi habitación que te quería
aunque la voz se me quedara a medio camino entre las calles

1978

Al final te he encontrado
Es extraño que fuese aquí
entre dos hojas

Este poema
te lo dediqué sin conocerte
cuando aún podíamos soñar
                    que no existíamos

1976

Mi tristeza no es navegable
ni en el mejor estado de sus posibilidades
Si tu voluntad viniese a salvarme
se ahogaría de igual modo

Ahora ya lo sabes:
mis lágrimas son el aviso
a las intrépidas que aún no encallaron
sus embarcaciones

Retírate
Si aún te queda sentido común bajo el sostén, retírate
métete en cualquier discoteca
vuelve al colegio de monjas

1976

A las muñequitas como tú, que se mueven con soltura entre los pupitres, les gusta que la gente invente imbecilidades para su risa; les gusta ver acrecentada su felicidad aun a costa de la agonía de otros.

Mientras sueñas futuros en tu cama, hombres que ni siquiera pudieron conocerse traman planes unos contra otros desde sus distantes cobijos. Bien sabes el motivo: tu falso y maldito cariño pudre todo lo que toca.

Te agrada que los muchachos obedezcan a la voz de una sonrisa. Su pesadumbre no te plantea problemas porque es una pesadumbre gentil, domada con la permanente amenaza de que te irás... de que te irás. A ellos nunca les atrajo el riesgo. Impotentes adoradores de tu belleza, midieron su mediocridad frente a ella para luego hundirse en estériles deseos que realzaran la estupidez que creyeron épica. El miedo al que se entregan justifica su derrota y, al final, sonríen felices recordando.

¿Has querido alguna vez a alguien?... no es fácil sujetar la voluntad por no correr hacia ti, que a nadie esperas. Pude amarte una o dos veces. De hecho, estuve a punto de ello, pero la soledad nunca traiciona.

Mides tus movimientos con la justa exageración de la elegancia. A veces te observo y *tú* lo sabes, pero siempre simulaste tener mala memoria.

1978

Las voces me apuntan desde el aire
palabras como *jamás*
como *siempre*... Y al final
      solo yo
arañando puertas
besando rostros que se fueron

Mi memoria es el cementerio del sueño
Nombres y lugares se disputan las fronteras
            ... y al final
      solo yo
quemando naves
huyendo al hueco impuesto
de los días

1979

Si llamaras a la puerta
yo dejaría a medias este poema
y me levantaría a abrirte

Tu estarías allí
con tus pantalones desgastados
y tu trenca azul
sonriendo tras una tormenta
        de pelo mojado
Y tus ojos mirarían triste a los míos
Mentiré que te esperaba

Si llamaras a la puerta
bajaría el volumen del tocadiscos
y saborearía con lentitud mis pasos

Traerías contigo aquellas noches
que los relojes partieron
para poderlas reparar hora a hora
con aquel cariño casi olvidado
Y solo diré...

Si llamaras a la puerta

Si llamaras a la puerta
rompería en pedazos este poema
y la tarde correría lluviosa a abrazarte

Nottingham, 1976

Completamente embotado
sonrío
—o intento sonreír—
y me aparto tambaleante
de este escenario
que
entre otras muchas cosas
nunca me llegó a cautivar del todo

Aullidos patéticos acuchillan mi espalda
pero ya estoy fuera de la jaula
donde las pesadillas se apiñan

Sé que hay orden de búsqueda y captura
y que todo no ha hecho más que empezar

Sacudo lo que resta de mi traje
                    y
ocultando dignamente
golpes y heridas
                    echo a andar

1980

No tengo poemas donde incluirte
Tu sola
has desbordado el filo de las carpetas
para derramarte
como una plaga bíblica

Yo no emerjo entre este caos
Soy el último de los siervos que llego a rendirse
y desde este rincón te advierte:
No aceptaremos tus estructuras
Seguimos temiendo a lo desconocido
Seguimos pidiendo coca-colas en los bares

Guadarrama, 1977

Estamos en agosto
En mi habitación está un amigo
Acaba de poner un disco de Paul Simon
Yo escribo
Él no me intuye

Guadarrama, 1976

Mi edad de escolar escuchó Tu palabra
impuesta como un golpe militar
Hoy soy yo quien abre fuego
y obligadamente mudo se confiesa
Siéntate a mi lado, como amigo de madrugadas
                    y
no permitas que me hunda en oscuras pesadillas
sabes lo que esta música hace en alguien como yo
haz que la ciudad se apague como un fuego
            y aléjame de sus rescoldos
Destrúyeme o hazme fuerte
Cierra las ventanas
            e impide que las flores del patio se tiñan de sangre

¿Alguna vez me abandonaste?
Yo te llamé y Tú apagaste el Mar en mis venas
¿Alguna vez...?
Sé buen camarada y sujeta mi brazo cuando tiemble

Tú empiezas donde la esperanza acaba

Por favor, devuélveme tal como era

Nottingham, 1976

A veces quise decirlo todo
pero no pude

Debe ser que me enseñaron a decir
callando
Debe ser —que sin serlo—
me fui haciendo a su manera

1976

No era cierto que estuviera muerto
Te lo repetí varías veces
con tono triste y desesperado
Tú no me creíste
porque pálida observabas rojas lágrimas
cruzar mi rostro
Me alejé repitiendo lo mismo

Ahora estoy tumbado sobre la alfombra
Ya no te puedo corregir ninguna traducción de Cohen
ni interpretarte *El Libro de los Vedas*
No puedo culparte si no existo
Tampoco a este cansancio que impregna
nuestra forma de hacer poemas
nuestra calmada interpretación de la angustia

Hoy he vuelto a ver lágrimas rojas
cuando me asomé al espejo esta mañana
Mi tono ya no es tan firme
Enciendo un cigarrillo
Sigo eligiéndote entre todo mi pasado

1977

Te espero en mi casa
en la calle
en mi futuro inmediato
en los lugares
donde creo que sabes que estoy

Te espero inerme
impaciente o tranquilo
pero te espero

Espero tus pasos
el modo en que te quitarás el abrigo
como si el tiempo
fuese únicamente tuyo

1980

Vuelvo a recorrer estos pasillos y aulas
Vuelvo a recorrerlos
                contando las baldosas
        esperando
ver tu cara a cada puerta entreabierta

Las luces se adormecen
y el silencio subraya los sonidos

El tiempo transcurre calmado, lo saboreo
en la seguridad de quien se sabe
                en lo mejor de sus días
La consciencia es una máquina
que produce incesantemente pasado

Hoy te tengo, pero
no quisiera verte devorada en la memoria

1980

¿Qué extraño poder te arma?
Basta que vuelva a sentir tu cercanía
para que abandone
        mis palacios, estanques y jardines
y corra para perderme
        nuevamente, otra vez
en este bosque frío

1980

¿Verdad que jamás empezaré un poema
por tu nombre?
Igual sucede cuando quiero
—y no quiero—
lamentarme de todo

Nunca me gustaron los poemas de amaneceres
improvisados en las tardes
Ya no recuerdas pero
te conocí entre la sexta y la séptima página
de *Selected Poems*, de T.S. Eliot
y así hemos seguido viviendo
escondidos en las fundas de todos aquellos discos
que nunca dejaremos de escuchar

Guadarrama, 1977

Ella me vigila
Hace rato que finjo no darme cuenta
pero siento cómo sus ojos recorren todos mis gestos
    inventando historias inexistentes

De vez en cuando la acaricio
para volver a esconder enseguida mi mirada
    en algún rincón oscuro de la habitación
Como si temiera hacerle daño

Ella, como un cachorro indefenso, nada pregunta
Se limita a anunciarme todo su miedo
    a través del silencio

Quisiera decirle
que me gustaría quererla
y no pensar en nada más allá de estas paredes
Quisiera explicarle
que afuera la guerra ruge
    y que quisiera quitarme todo de encima
para volver a erguirme
sonriente, fuerte y seguro
en este mismo instante en que su llanto me atrapa

Guadarrama, 1979

Me pareció estrecho el pasadizo
Luego
la luz nos sacudió el miedo de las manos
y pudimos descargar un poco la memoria
Alguien llegó a sonreír
pero todos pensábamos en aquellos otros

1976

Hay poca originalidad en mi conversación
sencillamente se me da mejor el silencio
Quiero prevenirte de que no pienso entretenerte
no pienso edificar escenarios para tu discutible belleza
ni asumir identidades equívocas
Decididamente
si piensas quedarte
deberás evitar ante todo hablarme de tu pasado
No mancharás mi reposo
Nada va a subordinarse a ti
como mucho
serás alguien que nunca podrá decir que le mentí o traicioné

Nada más, y ahora
puedes poner el disco que quieras

Abro la ventana, que el humo
        escape lentamente
                (como los buenos recuerdos)

Guadarrama, 1980

a Alberto Gil Toja

Nos sentamos emocionalmente juntos
El pasado reventando en las carpetas

Recobramos poemas
que alguna vez fueron escritos
por otros

Ahora creo
que siempre estaremos aquí
      desconociendo el verso anterior
      intuyendo el siguiente

1980

a Alfonso Muñoz Gámez

Cuando anochecía
buscábamos un lugar donde dormir
Las calles, el puerto
las luces débiles de niebla

Europa era nuestra
cantando las canciones de siempre
fumando los cigarrillos de siempre

Y el coñac entraba
a avivar el hogar de nuestro cuerpo
El mendrugo de pan y el quesito
vestían nuestra hambre
y el frío sol de madrugada
arropaba nuestros huesos

La libertad
nunca dejó de ser una carretera

Los mapas se arrugaban
en nuestros bolsillos
mientras ellos, inmóviles, seguirían en sus fiestas
a muchos kilómetros de la aventura

Guadarrama, 1977

La desolación que dejaste aquí
transformó el dolor en algo nuevo

Nuestros buques fantasmas no se perdieron del todo
Nunca nada se perdió del todo
y tú cubriste la culpa con tu locura

¿Sabes que te apagas un poco cada vez que no te busco?

1976

Como despertar
en una habitación extraña
cuando el whisky
aún no deja recordar cómo llegamos

Como un rostro que apenas conocemos
increíblemente acariciado con ternura

Como un disco que suena repetidamente
he intentado ser de nadie

1979

Esa voz me traspasa, me aburre, me obsesiona. Todos la persiguen para atarla a sus cuadernos. Copiar, copiar, copiar...

El día gris me llama a gritos por la ventana, su inquietante barro de invierno se posa en mis párpados trayéndome imágenes de otras ciudades. Enciendo un cigarrillo mientras Brel canta en mi cerebro. Dicen que ha muerto.

Vaho en los cristales, tinta en los papeles. De cuando en cuando alguna chica cruza la calle y mis ojos la siguen hasta que se pierde por la esquina. Afuera la vida brama, pero la gente está demasiado atenta a la pizarra. Me esfuerzo en comprender lo que miran, pero no lo consigo.

Paseo por Cannes -o creo pasear-, a la derecha el mar parcelado, a la izquierda los suntuosos hoteles donde no pude entrar. Despacio, despacio, lo importante es conservar este refugio, defenderlo de esa voz monótona, de los artículos 183, de las curvas isocostes... Despacio, abro la ventana y la brisa madrileña trae olor a mar. A veces me asusta no encontrarme ni en el propio espejo. La voz suena irreal en la habitación vacía. También el grito. (Todos se han vuelto hacia mí)

1978

$(X'X)^{-1} X'Y, (X'X)^{-1} X'Y,$
Prensa tus datos
y el futuro convergerá a una cifra
$(X'X)^{-1} X'Y,$
No existe lo absoluto
$(X'X)^{-1} X'Y,$
Oh, misterioso oráculo
de inescrutables signos premonitorios
nuestra vida
               inocentemente corretea
bajo el *chapeu* incierto de la duda
$(X'X)^{-1} X'Y,$

$$(X'X)^{-1} X'Y,$$

1980

Si, en verdad soy inoportuno
llamándote cuando estás con tu amante
y hosca te impacientas

Pero es que me siento desposeído
y nunca olvido amarte a cada instante

Mientras fabrico torpemente mis palabras
al filo de tu hostil ceguera
tu dictas destierros caprichosos
que tus víctimas no entienden

Perdóname por no haber sido
el heroico general que pretendías
sino un tímido rebelde
condecorado con la mansa medalla de la paciencia

No te culpes si me entristezco recordando
tus libros, tus papeles, tu ropa
y tus cachivaches esparcidos por el suelo
pero es que entre su desorden contemplo mi cabeza

Y es que no puedo huir de pensar
que mi sitio está a tu lado
por mucho que ambos tratemos
                    de disuadirme

1977

Náufragos de ajenas voluntades
juntad vuestros versos en el aire
de esta tarde del 4 de mayo
de 1976

Nottingham, 1976

Me han asegurado que esto no es poesía
Yo no trato de hacer poesía
solo quiero darme esta canción para estrellar mi voz
No tengo dónde ir
Se me romperá otra cuerda de la guitarra
se me acabará el *hash*, la vida, todo
y solo podré darme esta canción
para sobrellevar el lento amanecer
                    de otro día ya vivido
para tragar la amargura de haberme negado tres veces
antes de que el canto del gallo
me cambiara de nombre

Guadarrama, 1977

Ni llegué a conocerte —punto
            y aparte

Creí que el tiempo era inagotable
y que tus ojos siempre reirían mi locura
y ahora
te has convertido en alguien
inútilmente deseable

En alguien
de quien oigo hablar de vez en cuando

1979

Si alguna vez dejé de ser yo
fue para hacerme sombra en tu rescoldo
y si me hablas de tristeza
no podré competir contra tu poca visión de mi destrozo

Tu preciado caballero no se ha parado en la historia
sigue entre ciudad y ciudad
durmiendo en las cunetas
y a su casa llegan cartas desde Tokyo
con letra de mujer

Su difuminada imagen ser pierde de tus ojos para siempre
en donde algún día puedas encontrarle

Segovia, 1976

... ayer llegué hasta aquí

Ellos quieren hacerme ver que aún queda aire
y yo, por suerte
de vez en cuando puedo escribir una canción
abrir la caja con tus cartas y fotos
o incluso huir de mi propia libertad por la autopista

Es entonces, solo entonces
cuando sueño que mis pedazos saltarán sobre tu cara
como una última caricia desesperada

1977

Muchas horas sonó la misma vieja canción
esperando arrastrarte a donde perteneces

1976

Puedo aventurar el desencanto
mucho antes de ser cierto

Vivo dos sonrisas
          por delante de las tuyas
Creo en la putrefacción de la carne
y en los hielos de los vasos
que bailan fieles mi ritmo

Cierra con llave
y cuenta el dolor sobre la cama
Mil rostros vigilantes te desnudan
mientras tratas de quererme

Y no lo siento

1978

Ella se ha marchado
Si no fuera porque ya me había dado cuenta
serían momentos para darse cuenta

Ella se ha marchado
Mi habitación está de luto a su manera:
colillas y papeles arrugados

Ella se ha marchado
Las cintas tristes salieron de su escondite
solo por fastidiar

Ella se ha marchado
Todo parece tan increíble pero
es que ella se ha marchado

1976

Mírame
        soy viento acariciando
        tu vanidad

        Investigando
los posibles significados
de tus poemas

        Midiendo
la vibración de un pulso
que abandonaste en la tinta
como un mal ladrón

Nottingham, 1976

Me despierto en la habitación
donde menos quiero despertarme
Me recuesto en la cama
Hace frio

Marita
Silvia
y otra vida que no me conociste

Las paredes están tapizadas
con estantes y libros
El tocadiscos hace sonar invariablemente
La misma canción

Estoy frente a los ventanales
intentando seguir la melodía
para perderme a cada estrofa

Sobre la mesa hay unos papeles incompletos

    No importa
Home Ales está ahí
Pide otra pinta

Nottingham, 1976

Soporto escurrir por los espejos
a un hombre que no conozco
y las sombras no comprenden que no existe

Ellas me lo lanzan
diciéndome que ya no vives aquí

1976

Estos poemas no se refieren a nada

o solo a aquellos otros que extravié
Aquellos que me hubieran devuelto
las cosas que amaba

Ahora sé que de encontrarlos
no podría evitar romperlos, como tu recuerdo
que no supo perderse en ellos

Guadarrama, 1976

PARTE II

MADUREZ, BENDITA CONDENA

Hay un momento en que la vida deja de darte cosas
para empezar a quitártelas

Hay un momento
en que al final uno sólo es
                    aquello que nunca le podrán quitar

2008

Eres la última emboscada que la vida me ha tendido

Caíste sobre mí cuando
obligadamente ralentizaba mis pasos
                por el peso de tanto error soportado

Y ahora avanzo delante de ti
                —con los ojos vendados
                        y ambos brazos levantados—
mientras encañonas mi espalda
        con el frío metal de lo que dices amor

Y elevo al cielo una oración
        rogando en silencio que me salves
                                ... o dispares

Tampoco estoy muy seguro

Sierra de la Cuerda, 2009

¿A dónde voy?
Llevo toda mi vida caminando, rebotando y cayendo
como una bola de pin-ball
y apenas recuerdo
por donde he pasado

Si cierro los ojos
aparece alguna sonrisa, algún niño
algún recuerdo
que no escapó por los boquetes de este corazón agujereado

La vida es sabia
y usa al tiempo como *mercromina*
que nos cura de casi todo

¿A dónde voy?
Sobre todo, ahora
cuando me he reconocido

Sierra de la Cuerda, 2009

Me da miedo no tenerlo

Miedo de que mi sentido de la lealtad hacia mí mismo
prevalezca al de supervivencia
y decida no volver a verte

Aunque contigo se vayan los buenos tiempos

Me da miedo
que no me importe perderme
        entre la alegría que trajiste
                y la tristeza que dejarás

Que no me importe
no encontrar luz ni aire
entre el escombro de esta relación que se derrumba

Me da miedo
de no tenerlo a perderte
y volver, de nuevo, a mi vida anterior de vagabundo

Torrelodones, 2010

Cada vez los sueños son menos míos y más cortos

Y cuando despierto
siento como si secuestraran mi cabeza
y la forzaran
       a funcionar en las cosas que menos me importan

Luego, vuelvo a casa como manchado, violado, prostituido
con billetes en los bolsillos
y con el sentimiento de no haberme dedicado a lo importante
a mis seres cercanos

Y vuelvo ya demasiado cansado para hacerlo

Y me abandono a un sueño falso que ni sueña ni descansa
y al despertar, de nuevo
me prometo hacer
lo que los secuestradores de mi tiempo y mi cabeza
                            me impedirán

2011

Falso positivo

de futuro feliz

2013

¿Cuándo dejé de escribir poesía?

Posiblemente cuando lo inmediato
        me abdujo de lo vital
posiblemente
cuando la nube negra de lo necesario
me arrancó el corazón en una tarde de sobreesfuerzo
y me arrojó a esta vida de zombi

Porque sin poesía
        no se puede vivir: nos levantamos,
acudimos al trabajo

pero no vivimos

¿Quién me quito la música?
¿Quién me la quitó?

Probablemente muchos,

        seguramente yo...

2014

Esto tampoco es un poema
Quizás más bien una fotografía
de este preciso instante

Pero con música

El coche que pasa
El pájaro que bebe en el charco
El camarero aburrido
Bosa

Y mi mano acercándome la cerveza

Un instante aparentemente intrascendental
como tantos otros
si no fuera
porque ha quedado atrapado en estos versos

Playa del Carmen-Méjico, 2014

Al final poder decir
que uno no mintió
que uno nada debe
que uno jamás se arrodilló

Playa del Carmen-Méjico, 2014

Me pregunto cuánto tiempo de mi tiempo
lo he desperdiciado como un sonámbulo hiperactivo
sin parar de hacer... y sin conciencia de ser

Es como si me hubiera dejado robar la vida
Como si me hubieran adormecido la voluntad
y bajo una extraña sensación de haber sido drogado
viviera solo para vencer batallas
de una guerra de la que todo ignoro

Me pregunto cuántas veces (como ésta)
un súbito relámpago de conciencia me ha invadido
y he podido verme, como ahora, ante el espejo
tal y como en verdad soy:
un manojo de sueños y contradicciones, sin destino
mirando con espanto tras el alambre de espino

Vuelo Madrid-Atlanta, 2014

Deshago los pasos de mi vida
Volantazo y cambio de sentido hacia el pasado
cruzándome de cara
con las cosas que hice ayer, anteayer
con las de hace un año, hace diez o hace treinta y tres

Y me veo en cada curva, más joven
e igual de perdido que ahora

Pero eso sí:
con esa estúpida sensación
de quien no es consciente de estarlo

Vuelo Madrid-Atlanta, 2014

De nuevo haciéndome propósitos
de ésos que nos sirven para darnos ánimo
para empezar de nuevo cuando estamos tirados
y lo único que queremos
es levantarnos del suelo

Para empezar de nuevo con otra lección aprendida
con una piedra menos en el camino
                              con la que tropezar

De nuevo haciéndome propósitos
sobre los que apoyarme y levantarme
y que tan pronto eche a andar
de nuevo
olvidaré...

Buckhead-Atlanta, 2014

Qué frágiles somos:
qué fácil de quebrar es nuestro cuerpo
qué simple de domesticar es nuestra voluntad

Y así transitamos por la vida
pastoreados mediante un terrible sistema binario
que a veces nos invoca grandes miedos
y que, otras, nos inocula pequeñas esperanzas

Y qué difícil es tomar consciencia de ello
de nuestra estúpida debilidad
consciencia de ser menos que muy poco

Y Dios nos guarde de ello
porque, por desgracia, no hay salida alguna
para los que una vez golpeamos nuestra nariz
contra el cristal de la pecera:
una triste pecera
que nos separa de los que desde fuera nos observan

y ríen

Buckhead-Atlanta, 2014

Cuando yo aún no era yo
—es decir, hace muchos años—
malgastaba el tiempo corriendo
detrás de compañias improbables

Incluso cuando dormía

Cuando yo aún no era yo
sino aquel otro
pasaba tantas horas pretendiéndome una identidad
que jamás presté atención
a la que empezaba a habitarme

Y ahora, cuando me acuerdo de aquel que fui
(el que yo no era)
no puedo por menos que sonreír

Buckhead-Atlanta 2014

Paseábamos de la mano por New Bond Street
y los escaparates de las lujosas tiendas
(aunque fuese por un día)
desterraban de tu cabeza los malos recuerdos

Y yo saboreaba feliz cada eterno instante
parándome y besándote, besándote y parándome,
con la mirada fija en el abismo de tus ojos,

Sin saber si eso significaba una vuelta al comienzo
o, por el contrario,
no era más que el estertor de un amor agonizante

Londres, 2015

A veces me dejo solo
me aparto de mí
y doy un paseo

No es que no me soporte
pero siempre es bueno
poner —de cuando en cuando—
un poco de distancia
                con uno mismo

Sobre todo, en días como hoy
tan tristes
en los que ni siquiera yo
quisiera estar a mi lado

Londres, 2015

Me gustan los techos altos
y las camas bajas

Techos inalcanzablemente altos
como el cielo del desierto de Merzouga

Y camas tan bajas
como si durmiera
sobre la tierra de la serranía de Cuenca
bajo la que algún día
descansaré

Londres, 2015

A veces las cosas llevan más tiempo
y otras
el tiempo se lleva las cosas

A veces esperamos a que haya luz
                    para emprender el camino
y otras
solo emprendiendo el camino se hace la luz

Yo ya no sé si me equivoco
pero sigo caminando
sin saber si voy hacia ti
                    o me estoy alejando

DL 109, 2015

No creas que no valoro
                tu afán por redimirme
Por mi parte intento todo
en mi afán por merecerte

Probablemente el viento nunca sopla
hacia donde nuestra razón escoge

Perdóname por no ser ese ser perfecto
                que la vida parece estar negándote
pero es que se me hace difícil separarme
de este equipaje de imperfecciones que me acompaña
y que es todo lo que tengo

Sin él
no me reconocería en el espejo
ni podría tutearme en el futuro

Te adoro por tus nobles intenciones, por tu mano tendida
pero dudo que el peso de todo este hormigón que
                                circunda mis pies
me permita volar contigo

Wiesbaden, 2007

¿Por qué las ideas nos acuden de madrugada
impidiéndonos conciliar el sueño
ante el temor de que huyan noche arriba?

Hoy me asaltó una
pero el sueño finalmente venció a mi voluntad
              de abatirla en un papel

Ahora, ya despierto
la rebusco en mi memoria y no la encuentro

Velaré esta noche
            por si vuelve

Entonces la plasmaré en esta hoja
            que este poema ha usurpado
                    (temporalmente)

Torrelodones, 2006

¿Seguiremos riéndonos siempre
pretendiendo en el avión
leer del mismo periódico -sin leerlo-
y rozándonos las manos?

(Qué mala idea
haberte molestado
con lo del ordenador: al final
no lo he podido encender y ahora
es a ti a quien no puedo apagar)

Hotel Villa Italia-Cascais, 2007

No hay duda:
nos conocimos en otra vida
que no podemos recordar

Tampoco sabemos con exactitud
cuánto tiempo llevábamos buscándonos
ni qué penitencias arrastramos

Sólo sabemos
que nos hemos reconocido
y que siempre nos hemos buscado
porque una familiaridad de siglos nos sobreviene
                    como una dulce caricia

¿Quiénes fuimos? ¿Qué nos pasó?
            ¿Te fallé alguna vez?
            ¿No pude protegerte en su momento?
            ¿Marchaste tú antes... o fui yo?
            ¿Cuánto dolor sobrellevamos?

Quizás nunca lo sepamos
Solo queda tiempo para querernos
Para no volvernos a separar

Londres-Barcelona

¿Cuántas vidas nos quedan por delante?
Brinda por quien has sido
pero no dejes que te retenga

Pasamos la existencia de puntillas
para no despertar a quien llevamos dentro
por no reconocer
que pueda ser mejor que nosotros

Cuando empezamos a entenderla
la vida se nos escapa

No queda tiempo
pero la prisa nos impide verlo

Y así
vamos dejándonos morir de frío
en el hielo de las ausencias
Como un sherpa que a nadie importa

Hotel Grand Bretagne-Atenas

Merecía la pena vivir
resistir tantas pruebas
errar tantos caminos
        solo por encontrarnos

Merecía la pena deambular
aparentemente sin destino
para que, de repente
        todo cobrara sentido

y entendiéramos con deslumbrante claridad
que la verdadera razón de nuestras vidas tortuosas
no ha sido otra que
buscarnos, hallarnos, unirnos

                    y fabricar un ángel

                    Sao Paulo, 2024

PARTE III

A MODO DE EPÍLOGO

Te extrañarías
si dijera
que todo finalmente fue un poema

    —¿Cuál? —dirías
y yo te señalaría este

1976

ÍNDICE

A MODO DE EPÍLOGO

La otra vida del fugitivo
de Marcos de Quinto Romero,
compuesto con tipos Montserrat
en créditos y portadillas, y DGP
en el resto de las tripas,
bajo el cuidado de Daniel Vera,
se terminó de imprimir
el 14 de junio de 2024,
ese mismo día de 1217
en Autillo de Campos, Fernando III es
proclamado rey de Castilla para después ser
coronado oficialmente en Valladolid.

LAUS DEO